I0624228

Todos los libros de Linkgua Ediciones cuentan con modelos de Inteligencia Artificial entrenados por hispanistas. Pregúntale al chat de tu libro lo que desees acerca de la obra o su autor/a.

Para ebooks: Accede a nuestro modelo de IA a través de este enlace.

Para libros impresos: Escanea el código QR de la portada con tu dispositivo móvil.

Obtén análisis detallados de nuestros libros, resúmenes, respuestas a tus preguntas y accede a nuestras ediciones críticas generativas para una experiencia de lectura más enriquecedora.
La transparencia y el respeto hacia la autoría de las fuentes utilizadas son distintivos básicos de nuestro proyecto. Por ello, las respuestas ofrecen, mediante un sistema de citas, las fuentes con las que han sido elaboradas.

Diego de Torres Villarroel

Noticia de las virtudes medicinales de la Fuente del Caño de la villa de Babilafuente

Barcelona 2024
Linkgua-ediciones.com

Créditos

Título original: Noticia de las virtudes.

© 2024, Red ediciones S.L.

e-mail: info@red-ediciones.com

Diseño de cubierta: Michel Mallard.

ISBN rústica: 978-84-9816-158-8.
ISBN ebook: 978-84-9897-660-1.

Sumario

Brevísima presentación

La vida
Diego de Torres Villarroel (Salamanca, 1693-1779). España.
Hijo de un librero, estudió en la universidad de Salamanca y
llevó una vida de aventuras. Fue soldado, buhonero, diáco-
no, autor y editor de almanaques astrológicos que firmaba
con el seudónimo de «El Gran Piscator de Salamanca», catedrático de matemáticas, exorcista y, finalmente, sacerdote.
Francisco de Quevedo influyó en su obra literaria, y en su
visión crítica de la sociedad de su tiempo.

Villarroel dio a su actividad literaria un carácter utilitario,
publicó sus obras «con el beneficio de la suscripción». Incluso reconocía que el propósito último de publicar libros
era económico: «Tú dirás que Torres ha hecho negocio en
burlarse de sí mismo y yo diré que tienes razón como soy
cristiano».

Dedicado al excelentísimo señor don Fernando de Silva y Toledo, duque de Huéscar, conde de Gálvez, &.

Relación de su sitio, término y vecindario, con las demás circunstancias que piden en su Carta circular a los Médicos y Boticarios de España los Socios Prácticos Matritenses de Nuestra Señora de la Esperanza

Excmo. señor:

El terror respetuoso de que puedan parecer importunas las repeticiones de mis cultos, ni me disculpa, ni me libra de la obligación de gritar al Mundo mi servidumbre y rendimiento. A la piedad de V.E. debo las fortunas, los honores y las quietudes que hoy gozo en las humildades de mi casa; y a la magnífica de V.E. debo también, no solo la continuación de las memorias apacibles de mis apasionados, sino el tener confusos, envidiosos y contenidos a mis émulos; con que en un hombre que debe tanto, fuera ingrata cobardía y valiente ingratitud dejarse agarrar de los miedos sospechosos, cuando está obligado a tener en ágil y alentada vigilia a su reconocimiento, y en perpetuo clamor sus venerables sumisiones.

En cualquiera lugar, no siendo el que ocupan los pies de V.E., estarían violentas, ociosas e injustamente colocadas las hojas de este Cuadernillo, pues por cualquiera parte que las mire la prolijidad escrupulosa, hallará que de cuanto en ellas se estampa y reproduce, es el único y propio dueño V.E. El argumento de este Papel es la descripción de unas aguas, prodigiosamente medicinales, que Dios ha puesto en los Estados de Monte-Rey, que son propios de V.E.: la separación de los principios, en donde se afianza el estudio y conocimiento de sus virtudes naturales, está hecha por un leal Vasallo; y las simples palabras de la ruda narración las he puesto yo que me considero mas de V.E. que sus propiedades, Vasallos y posesiones. Con que siendo el sitio, el Separador y el Cronista de esta breve Obra todo de V.E. era deslealtad ignominiosa desviar para otro Amo unos tributos que reconocen tan legítimo señor.

Por estas razones, y porque V.E. vea en este Cuaderno el tamaño, la letra y el papel en que están imprimiendo con el agrado de V.E., a Subscripción mis antiguas tareas; y porque advierta con más individualidad en los bienes que para la pública salud pueden salir de un pequeño rincón de su grandeza, me he animado a remitir a V.E. estas pocas planas, bien consolado, de que sus circunstancias y mi intento respetable, serán de la benigna aceptación de V.E. Así lo espero e incluso está en las súplicas continuadas que hago a Dios para que dé a V.E. larga y venturosa vida como nos importa. Salamanca y febrero 15 de 1752.

Excmo. señor.

A. L. P. de V.E. su rendidísimo Siervo y Capellán

El Doctor don Diego de Torres Villarroel.

A los señores socios de la Real Junta Práctica-Médica de Nuestra Señora de la Esperanza de Madrid

También es Carta con sus humos de Prólogo

Los Doctores difuntos de las Escuelas de España (señores Socios), unos porque vivieron siempre enfurecidos en las necias delicias de sus inútiles especulaciones, otros porque entregaron ciegamente toda su credulidad a los bodrios, mezcolanzas y julepes que hallaban en las recetas de sus libros, y los más de ellos, porque tenían a su imaginación ocupada en otros intereses más importantes que estas frioleras de la salud pública, nunca se acordaron de preguntar por sus virtudes y eficacias a las infinitas Fuentes medicinales que hizo correr en sus respectivos territorios la industria y el trabajo de la naturaleza para el alivio de muchos achaques y pasiones. Los que hoy viven, unos porque heredaron con los cartapacios y máximas de los muertos sus complexiones y seguridades, otros porque presumen que le sobra a su Práctica el estudio, la madurez y la experiencia, y los más de ellos, porque ya tienen el caudal todo de visajes, estribillos y ponderaciones que necesitan para embocar al Vulgo Mamarón por prodigios sus ignorancias y embelecos, no han querido introducirse en la inspección de estas preciosas novedades ni responder a Vms. a la Carta que han escrito, en que les ruegan por la noticia, el origen y separación de los elementos de las aguas saludables, que brotan sus corrientes en la situación de sus partidos. La utilidad de su conocimiento y elección es visible, demostrable y provechosa al Mundo; porque a la verdad son tales Fuentes unas Boticas pequeñas, limpias, fáciles, seguras y baratas, en cuyos posos y raudales se reconoce una maravillosa mixtura de substancias, escogida por la prolijidad de la naturaleza, y libre de los impuros maridajes y adulterios que se hallan en las composiciones hechas por el manejo y antojo de los Químicos. El instituto de Vms. no solo es importante, sino digno de todo premio y alabanza, porque dedican sus fuerzas, sus pasos, su estudio y su salud a escoger experimentos, doctrinas para añadir enseñanza, y robusteces a los sanos; consuelos, alivios y esperanzas a los enfermos; y asegurar con genturosa satisfacción su Práctica y sus obligaciones.

El Público (señores míos) es la primera y más desnuda comunidad del Mundo: es el pobre, el ignorante, el enfermo y el desvalido más visible y más acreedor a nuestras contribuciones, bienes, documentos y fatigas; y Vms. como señalados por su institución por los más amantes y contribuyentes a la mayor seguridad de sus felicidades que es la vida y la salud, deben ser honrados y obedecidos en cuanto ordenaren conducente a las venturas de este Oráculo. Estas consideraciones me hicieron escribir en este poco número de hojas la relación que Vms. piden en su Carta, bien persuadido a que será despreciable mi tarea, pero muy consolado con presumir que más ha de aprovechar a la intención de Vms. lo que yo les remito que lo que callan o ignoran los que no escriben, y más cuando en la estrechez de este compendio no ha de encontrar la malicia más lince narración, que no sea una verdad examinada. Para describir lo más notable y oportuno de este resumen que es la Separación Química de los principios de las aguas de la Fuente del Caño, me entregué todo a la maniobra y la experiencia de don Andrés Yañez, Boticario de esta Ciudad. Este sabio Observador condujo las aguas a su Evaporatorio; reconoció al paso los vegetales vecinos a la Fuente y los que produce el Monte, los Valles y Collados de este fecundísimo terreno: de modo, que don Andrés ha puesto las obras, y yo las palabras. Si este método, este estilo y esta angustia de particularidades en la relación de las historias que Vms. desean, pueden servir a sus intenciones y cuidados, avisen que proseguiremos gustosos en la anatomía de otras Fuentes de estos cercanos contornos que ya tiene ojeadas nuestra curiosidad, que puede ser que seamos tan prontamente obedientes que nos coja su aviso a don Andrés obrando, y a mí escribiendo. Ahora quiero acordar a Vms. que recojan la Descripción del agua común, y uso y provecho de las de Tamames y Baños de Ledesma, que di impresa al Público el año de 1744 por si Vms. quieren arrancar de allí alguna cosa que pueda trasplantarse en sus ideas.

Dios dé a Vms. robusta sanidad para que la empleen en el beneficio común, larga vida, y los premios que merecen sus afanes felices. Salamanca y febrero 11 de 1752.

B. L. M. de Vms. sus rendidos Amigos y Servidores

El Doctor don Diego de Torres Villarroel.

Don Andrés Yañez

Situación, vecindario, término, frutos y templanza de la villa de Babilafuente

Yace en un llano y agradecido terreno, distante cuatro leguas de la gran Ciudad de Salamanca, la hermosa Villa de Babilafuente. Goza ésta entre muchos y distinguidos privilegios la honrada antelación de ser la Capital de otras siete muy vecinas, que todas son en este territorio apreciables añadiduras al Condado de Monte-Rey, que hoy está unido a la gran Casa de la Excma. señora doña María Teresa Álvarez de Toledo, duquesa de Alba, mi señora.

Sostiene esta apacible situación hasta doscientas casas fuertes, pero mazorrales y rudas, porque son hechas de un lodo grosero, empinado sobre broncos tapiales de pino, que son todas las escuadras, escodas y plantillas que manejan en sus fábricas rústicas aquellos cerriles Arquitectos. Otras hay bien fabricadas de una especie de piedra blanca, dócil y pulida que se produce en aquellos contornos vecinos; y todas capaces y con sobrados buques para criar con anchuras los Labradores sus familias, y contener sin estorbos los rudos aperos para las labranzas del pan y el vino; únicos frutos que procuran exprimir de sus terrazos.

Son los moradores de esta Villa generalmente de estatura más que mediana, cortesano semblante, buen color, membrudos, fuertes y felizmente sanos; pues los que reducen su vida a una dieta sin melindre, acompañada de las dulces fatigas de sus labores, viven ochenta y noventa años sin las congojas de las dolencias populares, y sin aquellos daños que se recogen frecuentemente con las concurrencias, los brindis y las libertades de las poblaciones más cultas y civiles.

No sufren ni conocen más enfermedades que las frecuentes que vienen reatadas a las anuales Estaciones, que éstas dicen los Astrónomos y los Médicos que las planta el Sol en toda la tierra luego que llega a los cuatro puntos cardinales, y con el curso de los días se bullen y brotan indispensablemente en nuestros cuerpos; estas son tercianas en Primavera, erisipelas en Estío, cuartanas en Otoño, y catarros en Invierno. Si el origen de estas enfermedades está en las dilataciones o comprehensiones del calor, o nace de lo profundo o lo superficial de las demás cualidades, no me meto en decretarlo, y así lo dejo a la ciencia de los señores Socios de Nuestra Señora de la Esperanza, que como Físicos doctos sabrán con mejor certidumbre descubrir y arrancar sus causas y raíces.

No dejan de verse algunos enfermos habituales, pero estos son muy contados, y es muy conocida la causa de sus remediables dolencias; porque los tales son unos pocos fabricadores de tejas y ladrillos, a quienes su pereza y su necedad tiene con las carnes cetrinas y las entrañas opiladas, pues por no conducir a sus Alfares el agua pura que les dan sabrosa y delgada los Pozos y Fuentes de la Villa, beben el veneno de un sucio charco que se estanca al mismo pie de sus cenagosas oficinas.

Regularmente es sano, fecundo y templado todo el término, pues sus moradores (de tiempo inmemorial hasta hoy) no han padecido los molestos males de las achacosas epidemias, ni han experimentado los trabajos rigurosos de las carestías, ni los horribles insultos de los temporales. Solo el día veinte y ocho de julio del año de mil setecientos cuarenta y siete fue asaltada (sin ejemplar) la situación toda de un granizo gordo, duro y espeso que dejó enterradas sus viñas en la perniciosa piedra más de una vara de profundidad, y arrebató hasta el Río Tormes, distante casi una legua de la Villa, todas las parvas y trojes de trigo y cebada que tenían en las eras. La desolación de estos frutos hizo padecer a los pobres vecinos aquel año y parte del siguiente una hambre feroz, la que aplacaban, ya con potaje de algarrobas, ya con poco pan de cebada, ya con algunas carnes enfermas y flacas, y ya con algunas yerbas desabridas; de que se siguió que engendraron sus cuerpos tristes humores y zumos podridos con los que se vino indispensablemente la peste; pero gracias a Dios, sin más medicinas ni Doctores que la benignidad, y la abundancia del año próximo se apagó este pestilencial incendio en la salud, y la tierra recobró su fecundidad y su hermosura.

El ingenio de estas gentes es dócil y proporcionado para mejores afanes que los que ocasiona la Aldea y la labranza; y esta verdad y disposición la acreditan muchos sujetos que han salido de esta breve población a otras más anchas al trato, comercio y negocio con otros hombres y destinos. Poco más abajo de estos renglones daré noticia de algunos que desde la Escuela miserable de este Pueblo salieron a ser la admiración y la enseñanza de otros más entonados y famosos.

Su primera crianza es dichosa, porque los niños todos tienen pagados los Maestros de primeras letras, Doctrina Cristiana y Gramática Latina, y en estas disciplinas felices son enseñados con brevedad y con ventura. El trato de los mozos y viejos es regularmente humilde, inocente y adornado de una general política, la que importa y conviene para ser agradables y bien quistos. Débenlo todo, ya a su primera educación, ya a su docilidad y al buen ejemplo de algunos Ciudadanos y Sacerdotes que viven siempre en su compañía, en quienes admiran y recogen muchas civilidades y virtudes; y finalmente al comercio de los Varones Religiosos que van a temporadas a darles con el pasto espiritual de la Predicación Evangélica muchos pistos de otras moralidades y preceptos.

Todo el término donde fatigan sus fuerzas y su industria estos hábiles Villanos tiene de longitud seis cuartos de legua, y de latitud poco más de media legua; y la altura desde el Horizonte al Polo (según los Astrólogos) es de cuarenta grados y treinta minutos. Es dicho término todo llano a excepción de las viñas y un Monte pequeño, pero florido hermosamente y distante un cuarto de legua de la Villa, que así este como las otras yacen en unas laderas no muy agrias, pero desabridas para los que tienen que penetrarlas a pie.

Los Valles, Prados, Tierras y Monte está todo poblado de muchas y varias yerbas útiles al uso de la Medicina; pues los Valles arrojan en abundancia las más de las especies de los Satiriones, Murta, Pinillo, Agrimonia, y muchas diversidades de Tomillos. Las Viñas producen con algún exceso el Hipericón, la Escabiosa, la Sajifragia y otras de semejantes virtudes. En las Tierras se cría el Cardo Santo, las Pimpinelas, las Borrajas y otros herbajes, que son frecuentes aun en los más estériles Vallados. En las Praderas abunda el Meliloto y Hermodátiles; y finalmente en el Monte no se descubre palmo de tierra que no esté ocupado de la Grana de Alkermes, de Pulmonarias, Mastranzos, apios silvestres, Berrazas y otras. La más estimada y conocida entre estos Paisanos, es una a quien ellos llaman la Platearia, que sobresale en lo más alto del Monte detrás de una Ermita dedicada a San Cristóbal. Dicen de ésta, que tiene poder para curar y secar las almorranas, sin otra diligencia, mixtura ni preparación, que traerla consigo el que padece tan cruel y vergonzosa enfermedad.

Son las cosechas de trigo y uvas que recogen todos los años estos vecinos más que regulares, especialmente cuando las estaciones de Primaveras y Otoños son secas, de que inferimos inclinarse a húmedo, y fresco el temperamento de esta situación. El trigo es el más gordo y sazonado que se cría en los altos y los hondos de las dos Castillas: las uvas no son de las más agradables al gusto ni las más abultadas; pero darían (sin duda) un vino generoso, si los Cosecheros encontrasen con otra disposición, limpieza y magisterio que el que hasta hoy han practicado.

Finalmente la larga vida de estos moradores, la fecundidad de los vegetables de este sitio, y las abundancias que les retribuye su trabajo en el terreno que lo sostiene y alimenta, dicen a gritos la benignidad del Cielo que los cubre, y los favores de los aires que los soplan y vivifican: estos son por lo regular el Oriente y el Ábrego, y algunas temporadas del Estío reinan con suavidad los vientos del Poniente que recrea y dora sus mieses, favorece a sus pocos ganados, purifica su sangre, y da un generoso esparcimiento a sus espíritus con que se vengan del rigor y del cansancio de sus fatigas ordinarias.

Hombres memorables que ha tenido la Villa de Babilafuente

La regia Sociedad Médica Matritense de Nuestra Señora de la Esperanza pide en la Carta circular que escribe a los Médicos y Boticarios del Reino una noticia de los sujetos más famosos de aquellas poblaciones vecinas, en donde corren las Fuentes medicinales, cuyas virtudes desean conocer; y aunque parece que es inútil la memoria de éstos para averiguar lo importante de estas aguas, y que nada puede contribuir esta historia para remediar las quiebras de la salud pública, me parece preciso servir a esta circunstancia, pues no es justo que porque yo sea ignorante de sus fines queden imperfectas las narraciones. Por esta razón, y porque la prometí en un párrafo de los antecedentes, pondré una breve lista de los más conocidos, cuyas hazañas, memorias y veneraciones duran y se extienden, no solo en el estrecho país donde nacieron, sino también más allá de las distantes Provincias que ocuparon.

Nació en esta Villa, y tuvo en ella su crianza y primera educación, el Ilustrísimo señor don Juan Corrionero Ruano, varón exquisitamente sabio en las cuatro Teologías y Sagrados Cánones; siguió con excelente aplicación los ejercicios de la Universidad, donde salió para Inquisidor de Palermo, y desde este Santo Tribunal pasó a ser Obispo de Catanéo, donde murió con dichosa opinión de virtud.

Fue también hijo de esta Villa el Ilustrísimo señor don Antonio Ruano Corrionero, hombre de singular ingenio y penetración, Teólogo admirable, y muy sabio en la Historia Eclesiástica, y en las buenas letras. Fue después de haber finalizado los estudios especulativos Consultor del Santo oficio, y Regente de la Ciudad de Sevilla; pasó después a Obispo de Canarias, y desde allí vino a ser Obispo de Salamanca, donde murió santamente; y su cadáver está enterrado en la Santa Iglesia Catedral de dicha Ciudad.

Don Juan Ramos Cortés nació en esta Villa, y salió de ella a estudiar los Derechos a la Universidad de Salamanca: dejó siendo mozo el camino de la jurisprudencia, se ordenó de Sacerdote, y fue Arcediano de Monleón en la Catedral de Salamanca: fue sujeto de exquisita piedad y admirables virtudes, fundó la Escuela de los niños, y el estudio de la Gramática Latina en su Lugar, dejó mucha parte de sus bienes para casar Doncellas; y dedicó el resto de sus abundancias para la fundación de dos Capellanías, para que sus parientes se inclinasen y siguiesen los estudios: murió en Salamanca, y está enterrado en su Iglesia Catedral.

Don Pedro Martín Ruano, hijo también de esta Villa, fue Profesor de Jurisprudencia, y Canónigo de la Santa Iglesia de Salamanca, donde acabó dichosamente: fue hombre de prodigioso candor de vida, muy devoto y asistente a sus obligaciones y al culto de su Iglesia: era muy limosnero y piadoso, y repartía lo más de su Prebenda con los pobres. Fundó el Pósito del trigo de esta Villa, y un Vínculo honrado para sus descendientes.

Don Diego Ruano Corrionero fue un hombre de extremado valor y terrible pujanza; sirvió al Rey con honra, celo y osadía muchos años: fue Cabo de siete Compañías en la guerra con Inglaterra. No tenemos más individualidad de los progresos de su vida, ni del sitio o lugar donde le asaltó la muerte.

Por los dos caminos de Armas y Letras navegaron y galantearon su fortuna muchos de los honrados hijos de este Lugar, y por ambas carreras han hecho memorables sus trabajos. En las Matrículas de esta Universidad se encuentran muchos Profesores graduados y Maestros en todas Facultades, y en sus títulos y certificaciones constan las buenas partidas de su ingenio y aplicación. De las hazañas y ejercicios de los que siguieron la Milicia, no puedo escribir con certidumbre, porque las distancias hacen casi imposible la averiguación. Lo que aseguro es que han servido al Rey, y hoy le sirven muchos Soldados valerosos, leales y hombres de bien en todas sus aventuras, hijos todos de este corto y apreciable Pueblo, y de las siete Villas del contorno, las que debemos reducir a su Capital.

Situación de la Fuente del Caño, su invención, descubrimiento de sus virtudes, y noticia de los primeros sujetos que bebieron sus aguas

En la circunferencia de muchas leguas de estos parajes no se reconoce pedazo de tierra tan alegre, tan apacible, ni tan fecundo como el pequeño Monte de este Pueblo. Sus faldas están guarnecidas de copiosos Negrillos y de vistosa multitud de nuevas Encinas, cuyos pies se registran hermosamente calzados de los frondosos follajes del Kermes, Pulmonarias y otras aromáticas, útiles y floridas yerbas. Su centro es una hermosísima confusión de flores; sus alturas un laberinto enmarañado vistosamente de pomposos Álamos y Sauces; y finalmente a toda la pequeña capacidad de su recinto sirven de verde muralla las derechas filas de un populoso y encumbrado Pinar.

Críanse en la espesura y amenidades de este sitio muchos Conejos, Perdices, y algunas Palomas Torcaces, las que guarda de la codicia de los cosarios, y aun reserva del entretenimiento de los Cazadores novicios y bisoños, un Montaraz; el que al mismo tiempo estorba a las travesuras, astucias o malicias de los Paisanos el desmoche de las Arboledas, celando que no corten ni arranquen pie alguno de los Álamos, Pinos y Encinas de aquel Bosque, manteniendo siempre su frondosidad, caza y hermosura para el recreo de los Excelentísimos señores de esta casa, cuando la grandeza de sus precisiones les da con el gusto la oportunidad de esparcirse en la dilatación de sus magníficos Estados.

En la parte más fragosa y central de este Monte está la prodigiosa Fuente del Caño, la que pocos tiempos ha era una puerca Laguna donde por la mezcla de las aguas llovedizas con la tierra, y con los secos y verdes herbajes que produce este terreno, se ahogaba la más especial porción de sus virtudes. Los Labradores que tienen sus labranzas vecinas al Monte, y otros aficionados a las delicias de la caza, muchas veces que se sentían acosados de la sed, acudían a apagar sus ardores a este charco; y aunque sus aguas estaban revueltas, y sofocada la simple virtud de su origen, con todo esto empezaron a conocer en sus cuerpos unas alteraciones más sensibles que las que suelen ocasionar las aguas comunes. Notaron que esta agua salía fresca en el Verano, y muy templada en el Invierno: que a poco tiempo de haberla bebido padecían hambre; y que a esta se seguía una suave provocación a la orina y a la cámara.

Hicieron relación de estos efectos los Paisanos vecinos a algunas gentes de mejor Filosofía, y a algunos maniáticos de los que reducen todos los aforismos de su salud a vaciar mucho, y delante de otros que continuamente piensan en curarse aun de los males que no sienten ni conocen: y finalmente a la presencia de algunos que padecían obstrucciones, mal de piedra y otros afectos de orina. Los preciados de enfermos, los doloridos de Filósofos, los crédulos Naturalistas, y los dolientes verdaderos empezaron a hacer entusiasmos sobre las aguas, sobre los achaques, sobre las evacuaciones, y sobre todo lo que persuaden las manías, las vanidades y las ansias implacables de la salud; y arrojándose a esta agua muchos de los poseídos de las historias de sus efectos, hallaron sin duda, unos su alivio, y todos la verdad de las relaciones.

Los primeros que empezaron a beberlas sin otra regla, método ni tasa que los preceptos de su antojo, fueron dos Monjes Gerónimos del Monasterio de Salamanca, el uno llamado Fr. José de Valladolid, y el otro Fr. Francisco de San Julián; el Rmo. P. M. Sandoval, del Orden de Predicadores y Catedrático de Teología de la Universidad de Salamanca;

dos Padres de la Compañía de la Casa de Valladolid, y otros Clérigos que los más padecían, unos hipocondrías y opilaciones, y otros los males de piedra y otros afectos de orina, de que son regularmente acosados los Religiosos, los castos y los contenidos. De estos mejoraron unos felizmente, otros sintieron alivio e intermisión de sus dolores, y los demás, sino sanaron totalmente de sus dolencias, no padecieron las importunas pasiones que suelen ocasionar las medicinas que son específicamente contrarias a los achaques.

A esta sazón por los años de 1725 vino por Corregidor y Administrador de esta Villa don Pedro Ochoa con su mujer doña Luisa de Frías, a quienes acompañaba una familia grande, los más de ellos enfermos de obstrucciones, y las mujeres con rebeldes afectos histéricos y otros males. Don Pedro Ochoa llegó condenado a incurable por los Médicos, porque padecía una fístola entre las dos vías, cuya inflamación lo puso muchas veces en los brazos de la muerte: los mejorados y convalecientes que iban y tornaban a beber las aguas persuadieron a estos nuevos achacosos, que no se entregasen a otras medicinas ni otros Médicos que al uso de ellas, bebiéndolas a todo pasto. Obedecieron a las insinuaciones, experiencias y ejemplares, y todos lograron la salud, y en el año de 1733 salió esta familia para Talavera, en donde mantuvieron la sanidad que recobraron en Babilafuente, hasta que la muerte buscó al marido y mujer por bien diferentes males y caminos, pues el uno murió de un dolor de costado, y de dos Médicos que le asistían, y la señora de una calentura de las que el Vocabulario de la Medicina llama ardientes.

El ejemplo de esta enferma familia, y la sanidad recobrada de otros varios dolientes, a quienes vio libres de viejos males de orina, puso a don Francisco Becerra, Vecino y Vicario de Aldea Rubia, en la deliberación de beber estas aguas; y sin espantarle lo crecido de su edad (pues frisaba a esta coyuntura en los cincuenta y siete años), ni lo caduco de sus achaques (pues los padecía desde la edad de diez y seis), ni menos los desesperados aforismos que le habían vuelto de sus consultas repetidas con los Médicos contra sus incurables dolencias, las empezó a beber a todo pasto, y aun con indiscreción, y después de pocos días de su uso arrojó por el camino de la orina algunos terrones y muchas arenas. Prosiguió tomando un cuartillo de la dicha agua en ayunas, y experimentó que a las dos horas obedecía el vientre, orinaba con abundante suavidad, y encontraba después en el hondón de su vasija arenas, cieno, terrones y algunos días unas piedras de la figura y cantidad de un piñón; y sin otra medicina que la repetición continuada de estas aguas está hoy viviendo en los setenta y un años de su edad, gordo, fresco, ágil, alegre, y con disposición para vivir muchos tiempos.

Está este Sacerdote siendo la afrenta y el escarnio de los aforismos Médicos, y el consuelo y la esperanza de los achacosos más aburridos; porque así a su dolencia, como a su temperamento los tienen capitulados todos los Doctores de incorregibles e incurables. De la curación del cálculo de los riñones de tan vieja casta desesperaron enteramente Hipócrates, Galeno, Avicena, Falopio, y los más de los antiguos y modernos; y aun dan por incurables (como saben mejor que yo los señores de la Sociedad) todos los afectos de vejiga, riñones y partes genitales, ya sean nacidos de la inflamación, la llaga, la piedra, los sábulos o los terrones; así lo dice el aforismo de Hipócrates, a quien quitan su gorra todos los demás Médicos: Renuum, & vesica vitia in senibus difficulter cur antur. El temperamento de este Sacerdote es el más rebelde e inobediente a las curaciones de cuantos se pueden encontrar en la naturaleza; porque de mozo y viejo ha sido colérico, frío de estómago, duro de vientre, linfático, caquéctico, melancólico y ardiente de riñones; y con todas estas tachas, y la de haber tenido más de cuarenta y un años media arroba de tierra, y pedrusco en la vejiga, vive hoy con la buena complexión y alegría que he expresado. El cieno, las piedras y arenillas que ha arrojado de varios colores a beneficio de las aguas, las guarda y enseña a los curiosos, y a los incrédulos de semejante maravilla.

Corrió con créditos de medicinal y prodigioso este charco por toda la redondez de estos países; porque a la verdad sus aguas eran sánalo todo, y el alivio de todos los enfermos obstruidos, opilados, hipocondríacos, y otros de los que llevan a las conversaciones sus enfermedades; pero así estos enfermos, como los moradores fueron tan ingratos a los beneficios con que contribuían a su salud y a su recreo, que dejaron sus aguas y sus manantiales ciegos, turbios, desaseados, y revueltos en más espesura de piedras, herbajes y lodo, que la que habían encontrado en su primer descubrimiento. Así pasó hasta el año de 1738 que llegando la Excelentísima señora duquesa de Alba a su Villa, la piedad de su Excelencia mandó que se limpiase este Lago;que se descubriese con toda prolijidad el nacimiento de esta agua, y que en él se fabricase una techumbre para que estuviese guardada de las injurias y destrozos del aire, y de la malicia de los pasajeros y paisanos, previniendo con rigor a su Montaraz la solicitud de su aseo y permanencia. Fue obedecido con prontitud y veneración el precepto de su Excelencia, y de este sucio Lago se hizo la Fuente clara, limpia y admirable en la forma que voy a escribir.

Estado presente de la Fuente, y demostración Química de las partes que contienen sus aguas, hecha por don Andrés Yáñez, Boticario de Salamanca

Sobre un peñasco que es el nacimiento por donde brota sus aguas esta Fuente, está asentado y construido de tosca Arquitectura un Arcón robusto de piedra, sobre el cual se levanta un arco de ladrillo, de proporcionada altura, y en su cavidad están recogidas las aguas, y resguardando su nacimiento. En el medio punto, y a los lados de dicho arco están abiertos tres mechinales de bastante boca por donde se purgan las aguas de algunas porciones vaporosas, y reciben más unidos los ardientes rayos del Sol, y menos impuros los soplos de los vientos. Tiene en la fachada que mira al Oriente un cañón angosto de hierro, y encima de éste una ventana, capaz de recibir un cántaro grande para que sin la molestia de tener que esperar a la sorna con que sueltan el agua los canales estrechos puedan los que la necesiten sacarde un golpe mayores cantidades.

Seis manantiales son los que se reconocen en esta Fuente; los cuatro copiosos, y los dos de curso miserable. Miran los cuatro al Oriente, y los demás al Mediodía y al Levante, y estos son también los aires que los soplan; y de estos tres lados reciben también las calurosas influencias del Sol, aunque son breves las horas que se recrean con sus rayos, porque el Arquetón está demasiadamente cerrado y oscuro, y a mi parecer importaría a la bondad y virtudes de las aguas concederle más luces y dilatación a la Arca, para que bañadas del Sol, se purifiquen y muevan con mejor esparcimiento sus partes vitriólicas, y las demás porciones térreas y metálicas, que lame en los conductos por donde se viene desguazando.

En las cercanías por donde pasa el agua que se revierte por el cañón, se crían en el cieno, y entre las secas hojas que se descuelgan de los Negrillos, una especie de mil pies, y otras hierbecillas y gusanos exquisitos, y en el desguazadero algunos Apios, Berrazas y Mastranzos. A treinta pasos distantes de la Fuente se desaparecen las aguas que corren de ella, y no se vuelven a ver en parte alguna del Monte, ni en las tierras ni valles vecinos, siendo así que el caudal de su corriente es capaz de sobresalir, y regar en abundancia toda la circunferencia del Bosque. Esta es la disposición y estado en que hoy permanecen estas aguas, cuyos créditos de medicinales corren cada día con más extensión y felicidad con los continuados prodigios que reconocen y repiten los que llegan a beberlas. Ahora veamos las resultas de la separación Química de sus elementos que hizo la curiosidad y la experiencia de don Andrés.

Después de haber hecho este experimentado Artífice la separación de principios de estas aguas con todo el cuidado, y circunstancias que previene la astucia de la Química, halló en el vaso de la evaporación unas grandes porciones de sal vitriólica, y unas cortísimas cantidades de la tierra sulfúrea. En todo el remanente (que vi yo también) no descubrimos otros metales ni betunes; pero sospechamos que estas aguas cuelan por encima de algún mineral de Marte, pues aunque este no apareció en el Evaporatorio, nos hicimos cargo que sería el motivo salir dichas aguas muy del centro, y quedarse en el dilatado conducto sus partículas, y aunque pasasen algunas, estas se quedarían asentadas en el hondón, por lo que en ningún tiempo será posible la extracción de ellas al Artífice más prolijo.

El peñasco, donde está fundado el Arquetón, da también bastantes indicios para esta sospecha, porque toda la superficie está teñida del color del hierro; y aunque esta presunción no tenga los fundamentos más sólidos, y puntuales para añadir la virtud de este metal más a las aguas, creo, que a los señores Académicos les sobran materiales en la sal vitriólica y tierra sulfúrea para discurrir sobre su poder, su naturaleza y sus efectos, y para conocer y recetar dichas aguas a los achaques proporcionados con toda seguridad y discreción.

De las enfermedades que curan estas aguas, y del uso y dieta que deben guardar los enfermos

En el escogido manejo de estas simples voces quitar y poner, estriba toda la buenaventura de la práctica médica, y toca la felicidad de los enfermos: de modo, que en acertando a quitar las sobras de los cuerpos oprimidos, o a reponer las faltas en los extenuados, consiguen a un tiempo el triunfo y la victoria el doliente y el Doctor; éste la de su estudio en sus aciertos, y el otro la de sus angustias en la recobrada sanidad. Las enfermedades (defínalas o mírelas como quisiere la Medicina), o son unas cargazones abundantes de materias crudas, gordas y rebeldes, que detenidas en los cuerpos, los sofocan, los bruman y los abaten hasta dar con ellos en la tierra; o son unas disoluciones de las partes más vivas, balsámicas y espirituosas, que poco a poco, o repentinamente los deja con su fuga lánguidos y exánimes, hasta que en la resolución de su briosa sutileza quedan nebulosos terrones los que fueron brillantes ascuas: con que en sabiendo echar aceite en sazón a estas secas y moribundas luces, o en acertando a quitar los estorbos que sofocan a las otras, están logrados todos los fines y deseos de los achacosos.

Los daños que en nuestras humanidades tienen regularmente más entrada, son aquellos que conducen su origen de la gravedad y la abundancia: esta verdad lo acredita nuestra gula, nos la advierten nuestras propias observaciones, nos la ensenan los Médicos con su Práctica, pues su primera aplicación es acudir a los que los llaman con los purgantes, las ayudas, las sangrías y otros sacatrapos, que todos tiran a batir y desmoronar lo sobrado de los cuerpos; y finalmente lo gritan los instrumentos, las simplicidades, las substancias y las mezclas de unas con otras, que se guardan en las Boticas;

pues más simples y composiciones se reservan en sus botes y redomas para hacer vomitar y escupir por todos los poros y canales a los cuerpos, que para reponer las perdiciones de sus espíritus, fuegos y viveza. De estas últimas enfermedades no haré memoria alguna en este breve tratado, sí solo de las que se curan quitando las que pertenecen a nuestras aguas.

Por esta razón podemos decir con feliz fundamento, que esta agua es una medicina universal contra el mayor número de las enfermedades que acosan y ponen en las angustias, los peligros y los dolores nuestras vidas; porque ella es una purga sucesiva, blanda, sabrosa y sosegada; y un diurético apacible y mañoso, que tomándose más tiempo para hacer sus oficios que aquel breve, que con intrepidez se toman las que componen los Boticarios, barre con dulce sorna de los cuerpos (y sin el más leve estrago de sus órganos) los humores podridos y sobrados que los dañan. Bien al contrario se portan los Flemagogos, Calagogos, Menalogogos, Hidragogos, Panchimagogos, y los demás discretísimos purgadores que nos dicen que solo rebuscan y arrojan lo que los manda el Doctor que los receta; pues aunque ellos sean también mandados y contenidos, como nos aseguran siempre, se meten con tropelía por nuestras entrañas, donde se detienen a escarbar y a desleír con furia los materiales duros y superfluos de los intestinos y otras partes con riesgo, dolor y angustia de los enfermos que los toman; por lo que sin duda confiesan los Médicos, y lo juran sus libros, que no hay medicamento tan inocente que cuando se encamina a remediar una parte, no deje dañada otra u otras muchas.

El modo y el arte con que estas aguas (a mi parecer, y por las lecciones y señales que nos da de su dulzura y apacibilidad la experiencia) arrojan de los cuerpos las materias duras, viejas, podridas y rebeldes, es como se sigue: Ellas se introducen y se filtran sabrosamente, y con el calor benigno de la tierra sulfúrea dilatan y extienden las regiones de vientre, hipocondrios, mesenterio, riñones, vejiga, y todas aquellas entrañas donde se anidan y estancan dichos materiales; dada esta anchura a sus fibras y poros, los lame y reblandece el azufre, después entran las puntas del vitriolo despegando y batiendo los zumos empedernidos, y materias glutinosas que se agarran y endurecen en los anfractos, pliegues y porosidades de dichas regiones; y así preparados y batidos a poco conato de la naturaleza se desguazan y precipitan por los cañones de cámara y orina sin desazón ni congoja de los enfermos. Yo no afirmaré con porfía que esto suceda como yo lo pinto; pero atendiendo a las declaraciones de los dolientes, y a los efectos producidos de estas operaciones, yo no hallo modo más posible para que hagan mecánicamente sus progresos. Los achacosos juran y declaran que no padecen angustia, dolor, tristeza, ni otras pasiones en años enteros que las toman a todo pasto cada día; los materiales que arrojan son de todas castas, ya líquidos, ya gordos, ya crudos, ya cocidos, con que (según nuestra corta penetración) estas eyecciones tan varias y tenaces, que se deslizan por los caños de vientre y orina, sin molestia ni estrago, no pueden hacerse sino por la pura y blanda dilatación de las regiones a beneficio de la suavidad y dulzura del azufre, y con la fuerza mañosa de los empujes con que el vitriolo las derriba y endereza.

Demostrada y conocida la esencia de estas aguas, y examinados los ejemplares de sus efectos, pueden los señores de la Sociedad discurrir mejor en otro modo más expresivo, y en otra industria más mecánica que la que yo he dicho, demostrando con matemática más lince el arte con que trabajan y desalojan de los cuerpos, así los materiales sabulosos, como los térreos y petrificados; y al mismo tiempo dejar acotadas las enfermedades que pueden curar su innegable virtud. Por acá afirmamos que son oportunas y poderosas contra todos aquellos males que tienen sus raíces en la abundancia y rebeldía de los humores gruesos y estancados, y en todos aquellos en quienes se advirtiere la necesidad de las frecuentes purgaciones. Son de esta casta las durezas de vientre, las hipocondrías, algunos efectos de pecho, los dolores nefríticos (cuando se producen de los principios que diré más abajo), los dolores de estómago y cardialgias, la bulla en los oídos, los flatos, las calenturas rebeldes intermitentes, y en especial, los afectos de riñones y vejiga. De todos estos achaques hemos visto sanar los que habitamos en estos contornos a infinitos enfermos de los aburridos y desesperados del Médico y la Botica. En Salamanca y sus vecindades viven hoy más de treinta achacosos de las dichas castas que consiguieron la sanidad sin otro socorro que el de las dichas aguas, los que nombrara, sino temiera hacer más desabrida esta relación; pero ellos lo juraran, si el asunto pidiese estas formalidades; y si les hiciere a los señores Socios al caso de sus ideas la individual noticia de estos sujetos y las circunstancias de sus afectos y curación, con su aviso remitiremos una lista de los que hoy viven y pueden deponer para la mejor fianza de estas verdades.

El mayor número de enfermos de los que llegan a esta Fuente son los que padecen mal de orina y de riñones; y de los tales tenemos observado que a muchos cura, y a otros no los aprovecha. El afecto de riñones, a quien llaman los Médicos Lithiasis, producido de la piedra, las arenas y los sábulos, ya sean criados en ellos o en la vejiga, cuando obstruye solo sin llegar a roer o desgarrar sus fibras y glándulas, este es de los principales que curan con seguridad estas aguas, pues por los efectos advertimos que desmorona las piedras, corta los sábulos o piltrafas, y los despide con las arenas blandamente a todos por el camino de la orina, porque como encuentran más dilatados y reblandecidos sus cañones, salen sin congoja ni molestia del enfermo. Los dolientes que han llegado con estas regiones, ya inflamadas, mordidas o llagadas, han sido muy pocos; y de estos ninguno tenemos noticia que haya sanado, y por acá no solo estamos persuadidos a que no aprovechan sino que a tales sujetos les pueden ser muy dañosas, porque el azufre y vitriolo en las inflamaciones, llagas y raspaduras interiores, más son los estragos que pueden hacer que los alivios que puedan producir; porque para extraer algunas arenas o sábulos, había de añadir destemplanzas y crispaturas dolorosas y enconadas a las úlceras y las inflamaciones. Por esta razón aconsejamos que ningún achacoso de los que dan señales de tener llagas en los riñones, vejiga y camino de las orinas, ni los diabéticos, los incontinentes, los que mean sangre, los que padecen la disuria o la estangurria, beba de tales aguas porque se expone a la seguridad de los perjuicios y daños, con poca conjetura de los alivios.

Hasta hoy no ha pensado alguno de los Médicos de este país, ni los enfermos que se determinaron a beber dichas aguas en el uso ni en la dieta que han de guardar, así en el tiempo de su curación como después de ella. Los Doctores por sus principios generales podían haber instruido a alguno de los achacosos; pero ni estos los consultan ni los Médicos las recetan, porque conocen que en el vulgo les da más opinión de sabios tomar la pluma para recetar onzas, escrúpulos y dragmas en las Boticas, que remitir a los dolientes a un remedio que lo aplican también mejores seguridades y noticias los ignorantes y las viejas. A la medida de su antojo, de su apetito y de su aprehensión se han impuesto el uso los enfermos, porque unos beben un cuartillo por la mañana en ayunas, otros la beben en las horas del mediodía y la noche, mezclándola con el alimento y otros a toda hora y todo pasto, sin que en este desorden se les haya reconocido sensible daño.

Algunos Frailes, Clérigos y otras personas de mediana Filosofía, que han sido los primeros descubridores de estas aguas, han dejado en la memoria de los paisanos un modo y regimiento (en nuestro sentir) conducente a las condiciones de las aguas y al venturoso fin de la curación, es el siguiente: En el tiempo del Verano y Estío van los enfermos ayunos a la Fuente, en donde beben un cuartillo de agua y tornan, haciendo un suave ejercicio, a sus habitaciones; a las dos horas después de haber bebido almuerzan levemente, y a las del mediodía comen y beben de dichas aguas; y a la tarde, después de escondido el Sol vuelven a refrescar a la Fuente. En el tiempo de Invierno toman el agua a las mismas horas, y en la propia cantidad, reduciendo a la casa el paseo del campo y de la Fuente; y este es todo el uso y modo de esta medicina.

En la dieta no han guardado precepto alguno, porque ya la ignorancia, ya la golosina, ya la gula se entrometieron con facilidad entre los primeros descubridores, y ninguno quiso privarse de los ídolos de su apetito. No obstante no faltó aquí quien los persuadiese y aconsejase a una dieta prudente y poco trabajosa, pues solo se les ha dicho que coman poco, y los alimentos que sean de buen zumo y fácil digestión, como las carnes tiernas y caldos de Carnero, Pollos y Gallinas, huevos, Truchas, y otros peces de río fáciles y digestibles: que huyan de las tres carnes de Puerco, Buey y Liebre, del queso, la leche, las legumbres duras y de los peces y pescados demasiadamente macizos, como son las Ostras, el Congrio, la Anguila y otros salados: que beban el vino blanco y tierno, poniendo en él a infundir el leño nefrítico o el Theé: que por ningún caso se acostumbren al vino grueso, negro, dulce, austero ni remostado: que no hagan movimientos violentos, ni monten a caballo: que elijan un paseo llano, y moderado antes de comer; que la siesta sea poca y el sueño moderado, el uso de la Venus raro; y finalmente se les han dado todos los avisos y preceptos, que por conclusión de estos males ponen los Médicos en sus tratados. El cuerdo observa hoy estas reglas, y los destemplados hacen sus disparates, los que se echan de ver en los efectos; pues verdaderamente van más atrasados en el logro de su salud que los que contienen las irritaciones de la hambre, la gula y la golosina.

Los Paisanos no adolecen de estos achaques, pues solamente se hace relación en mil años de un Clérigo que no probó de agua alguna en veinte años; y con lo indigesto del vino del país, y el uso de las carnes del tocino que era su único alimento, padeció un afecto de orina, el que le obligó a tomar estas aguas con las que arrojó cantidad de arenas, piedras y terrones. Toda la gente de este Pueblo bebe el agua de otra Fuente más cercana a la vecindad del Lugar que llaman ellos la de los ladrillos; ésta, pues, por participar de partículas de la misma casta, bien que en grados mucho más remisos los libra de estos crueles males.

Éstas son las circunstancias de la situación, término y vecindario de esta Villa y las virtudes de su Fuente del Caño; y aunque están resumidas por la oscuridad de mi estilo, quedo con el consuelo de que los señores Socios sabrán poner con su elegancia toda la claridad posible a mi tiniebla.

Libros a la carta

A la carta es un servicio especializado para
empresas,
librerías,
bibliotecas,
editoriales
y centros de enseñanza;
y permite confeccionar libros que, por su formato y concepción, sirven a los propósitos más específicos de estas instituciones.

Las empresas nos encargan ediciones personalizadas para marketing editorial o para regalos institucionales. Y los interesados solicitan, a título personal, ediciones antiguas, o no disponibles en el mercado; y las acompañan con notas y comentarios críticos.

Las ediciones tienen como apoyo un libro de estilo con todo tipo de referencias sobre los criterios de tratamiento tipográfico aplicados a nuestros libros que puede ser consultado en Linkgua-ediciones.com.

Linkgua edita por encargo diferentes versiones de una misma obra con distintos tratamientos ortotipográficos (actualizaciones de carácter divulgativo de un clásico, o versiones estrictamente fieles a la edición original de referencia).

Este servicio de ediciones a la carta le permitirá, si usted se dedica a la enseñanza, tener una forma de hacer pública su interpretación de un texto y, sobre una versión digitalizada «base», usted podrá introducir interpretaciones del texto fuente. Es un tópico que los profesores denuncien en clase los desmanes de una edición, o vayan comentando errores de interpretación de un texto y esta es una solución útil a esa necesidad del mundo académico.

Asimismo publicamos de manera sistemática, en un mismo catálogo, tesis doctorales y actas de congresos académicos, que son distribuidas a través de nuestra Web.

El servicio de «libros a la carta» funciona de dos formas.

1. Tenemos un fondo de libros digitalizados que usted puede personalizar en tiradas de al menos cinco ejemplares. Estas personalizaciones pueden ser de todo tipo: añadir notas de clase para uso de un grupo de estudiantes, introducir logos corporativos para uso con fines de marketing empresarial, etc. etc.

2. Buscamos libros descatalogados de otras editoriales y los reeditamos en tiradas cortas a petición de un cliente.